生物課，真的好好玩！

這是我專屬的
戶外多元學習行動生物手冊。

我的姓名：＿＿＿＿＿＿＿＿＿

就讀學校：＿＿＿＿＿＿＿＿＿

年級、班別：＿＿＿ 年 ＿＿＿ 班

帶著行動手冊，
上一堂一年四季不間斷的生物課！

文／李曼韻

　　理論上，生物是一門有趣的課。

　　但經驗告訴我，要看見孩子對於自己身上的細胞，組織或系統感到好奇或存著探究之心不是容易之事。

　　理論上，生活周遭中的動植物最能引發孩子的觀察力。但經驗告訴我，大多數孩子對於飛過身邊的昆蟲視而不見，蛙鳴鳥語聽而不聞，也不認識種在教室門前的花木。

　　比較受注意的物種，大約是蛇、虎頭蜂、大蜘蛛、蟾蜍……等，但莫名的恐懼讓許多孩子想要「消滅牠們」。生物課本不會告訴我們，這時候該怎麼辦？如果無法正確引導，很難指望孩子們長大後會尊重生命、愛護環境。

　　當孩子偶然撿來小動物，在課堂上提問。例如：樹上掉下來幼鳥、水槽裡躲著青蛙、廁所掛著蝙蝠、五色鳥撞進教室玻璃……我都立即開講，這是最有效、最深得人心的生態教育，也是最快樂的時光。是我與孩子們最愛的「有感教學」。發亮的眼睛告訴我，只要持續引領，孩子們會開始關心起生活周遭

的物種，留意大自然中四季的變化。

　　讓這本書成為一個啟動因子，打開人與自然的藩籬，每逢假日或考後，親子或師生們共同找出一段空閒，走向戶外，把腳步放慢，試著觀察周遭的生物，輕輕碰觸，靜靜嗅聞，閉目聆聽，把自己的五官及心靈開放於大自然中。你一定可以感受到大自然正在與你說著什麼，你也會很自然地在內心回應著它，那將會是你生命中非常難忘的體驗。

本行動手冊擷取作者「生物課好好玩」系列第一本、第二本精華內容改寫而成。更完整內容敬請參考：
《生物課好好玩：48 堂課╳12 篇生物先修班，一年四季輕鬆學生物的超強課表！》、《生物課好好玩 2：野外探險生物課！28 堂尋寶課╳7 大學習主題╳8 個國內外自然景點》

Contents

手冊使用方法說明

　　上完了「十堂生物素養課」，大家是不是都吸收了大量的生物知識，成為生物小達人了呢？接下來，落實學習成效最好的方式，就是走出戶外，實地造訪大自然，因為生物課最終真正的教室，就在大自然裡。

你可以用以下方式，使用這本書。

方法 1 獨自使用

1. 直接帶著本書出門，帶著筆，在戶外尋找可以觀測的生物進行觀察紀錄。
2. 在陽台上、庭院裡、人行道上、公園裡，都可以是尋找觀測生物的好場地。
3. 運用觀察力，用寫的、用畫的，利用手冊中的表格將眼前的生物樣貌記錄下來。
4. 將記錄成果帶回家中，查找書籍相關資料，或詢問師長有關此生物的進一步知識。

小提示　善加利用每一頁表格，建立對周遭生物的敏感度，以及主動學習的好奇心、觀察力，完成整本手冊後建立學習的自信心，以利後續的延伸學習。

方法 2 重複使用

1. 挑選手冊中你最有興趣的表格，例如 P11 的「生物尋寶觀測表」或 P19 的「生物尋寶九宮格賓果遊戲」，拿到影印店複

印成多份，或自行依樣繪製同樣的表格。

2. 將影印好的空白表格以釘書機裝訂成冊，方便隨身攜帶。

3. 帶著這一冊觀測表和筆出門，尋找生物進行觀測記錄。

4. 將記錄成果帶回家中，查找書籍或詢問師長有關此生物的進一步知識。

小提示 這種觀測記錄方式有利於個人小小生物資料庫的建立，也能培養觀測記錄方式的嫻熟度。可以磨練繪畫或寫作等表達能力，利於長遠未來的志趣發展。

方法 3 團體使用

1. 和兄弟姊妹或同學約好，組成「生物達人小組」，選定手冊中大家最有興趣的表格，拿到影印店複印成多份，或自行依樣繪製同樣的表格。

2. 將影印好的空白表格以釘書機裝訂成冊，方便隨身攜帶。

3. 小組成員一同出門，帶著這一冊觀測表和筆出門，尋找生物進行觀測記錄。

4. 和大家一起分享記錄的成果，提出問題一起討論，再一起查找書籍中的相關資料，或請教師長。

小提示 這種觀測記錄方式有利於激發互助合作的精神，也能培養同儕之間分享不同觀點、互補長短的學習手法。

外出「玩生物」之前必須準備的東西

☆ 筆記本
☆ 筆
☆ 望遠鏡
☆ 放大鏡
☆ 照相用的手機
☆ 遮陽用的帽子
☆ 雨具
☆ 一顆好奇的心
☆ 一雙睡眠充足的明亮雙眼

想一想 準備好觀測、記錄用的工具，也帶了防曬防雨的道具，還想帶什麼嗎？解渴用的飲用水？防止蚊蟲叮咬的防蚊液？為了避免垃圾留在野外的小垃圾袋？

外出「玩生物」之前必須注意的安全事項

☆ 遇到生物時不可餵食，不可干擾。
☆ 遇到看似凶猛的虎頭蜂切記不可拿石塊投擲蜂窩，不高聲喧嘩以避免虎頭蜂注意，不要主動招惹在身邊盤旋的蜂以避免刺激牠。
☆ 夜間到野外觀測需攜帶手電筒等適當的照明設備。
☆ 到野外最好能穿長袖長褲，以及長筒登山鞋或雨鞋。因為須避免不小心誤踩動物，尤其是夜間，因此最好別穿短袖或涼鞋。
☆ 注意路途安全，最好與家人、同學、朋友等結伴同行。
☆ 隨身攜帶常備藥和 OK 繃。

想一想　到了大自然裡最好能以不驚擾生物為原則，一來是不要驚動凶猛生物以免招致危險，二來是我們造訪的是生物們的「家」。你還想得到哪些安全注意事項嗎？請和同伴們討論看看。

瞧瞧校園裡還有誰？

坐在教室裡專心上課的你，是否曾留意過教室外還有一群朋友跟你一起共享校園的美麗呢？

你是否注意過，有時會聽見「碰」一聲，一隻鳥撞上教室的窗玻璃？

你是否曾在樹下，發現過從鳥巢跌落在地的雛鳥？

你是否曾在不常用的櫥櫃一角中，發現泥壺蜂打造的「房子」？

樹叢中，吱吱作響的蟲兒交響樂團，有哪些成員呢？

一起來走遍校園，找找校園裡還有誰吧！

我在校園裡找到這些生物！

生物尋寶觀測表

日期	時間	生物名稱	生物外貌及動態

想一想 為什麼要記下日期和時間呢？下一次來到同樣地點，這個生物還會出現

在這裡嗎？若不會，為什麼？另外，除了校園之外，還有哪些地方可以

「尋寶」？家門外、牆角邊、樓梯間、公園裡能夠遇到哪些生物？

邊玩真的可以邊學嗎？

　　這時代有許多孩子呈現出注意力不集中、創造力不足、不懂得與人分享、過胖，或有憂鬱、躁鬱傾向。在《失去山林的孩子》一書的作者理查・洛夫的筆下，這些孩子可能患了「大自然缺失症」（nature-deficit disorder）。

　　邊玩真的可以邊學習嗎？只要教師或父母多加引導，以遊戲的心情，就可以輕鬆讓孩子愛上大自然了。一旦對大自然有了興趣，就會開始產生學習生物知識的動力，接著就可以嘗試更上層樓的遊戲「上山尋寶」。

你可以這樣做

1. 把你看見的景象或物種描述得越詳細越好。
2. 思考該物種與大自然的關係。
3. 試著提出問題。有時候問問題比找答案重要，問一個好問題遠比找到解答更難。

我找到了這些寶貝！

進階版生物尋寶觀測表

日期			
季節			
地點			
我看見、聽見、或聞到了什麼？			
生物的相關文字描述			
用筆畫下生物的樣貌			
最令你印象深刻之處			

想一想 外出一下午，你找到哪些生物寶藏？尋寶的過程中，你是否發現自己的某些能力提升了？首先是你的觀察力，再來，是你思考問題的能力。當你思考著季節、天氣等因素與生物的關係時，你的邏輯思考等綜合能力也無形中不斷成長了。

外出遊玩好選擇！
全台重量級生態景點尋寶

北台灣生態尋寶｜陽明山國家公園

它是台灣最近都會區的一座國家公園，適合北部家庭的一日遊！陽明山國家公園包含大屯山系、七星山系、擎天崗系等，規畫約有十八條步道。建議先考量自己的體能，從適合自己的步道開始。先鎖定幾種想尋找的生物，如果找到了會很有成就感喔！

中台灣生態尋寶｜大雪山森林遊樂區

可以賞鳥看神木的大雪山位於台中市和平區，海拔兩千至兩千九百公尺之間，氣象學上屬「雲霧盛行帶」，森林資源豐富，有原始林、神木之外，也是觀賞雲海、夕陽的好景點。紅檜、華山松都很美，喜歡賞鳥的人，也可以留意星鴉、金翼白眉的蹤跡。

怎麼鎖定目標，然後「尋寶」呢？請先看老師示範怎麼做。

老師示範：七星山步道尋寶記錄

尋寶地點：七星山步道
目標寶物：黃口攀蜥

季節	春季
我所看見的物種	黃口攀蜥
物種的分類及特徵描述	● 飛蜥科、攀蜥屬 ● 體色變異大，以黃褐色為主，也有偏綠的個體。 ● 口腔內為明顯黃色。 ● 具有雌雄二型性。
分布地或物種的環境描述	公園、校園、森林裡的樹上，很容易看見。
照片或筆繪	
其他筆記	● 台灣特有亞種。 ● 台灣最小的攀蜥。

想一想 在尋寶的過程中，你是否發現一段短短的路程，竟然暗藏如此多玄機。

此刻你造訪的山林，就是這些生物平時居住的家園喔。是否想進一步了

解你找到的生物呢？恭喜你，你的主動學習能力已經一點一滴成長中。

南台灣生態尋寶│阿里山森林遊樂區

　　阿里山國家森林遊樂區屬於阿里山山脈的一部分，園區以日出、雲海、晚霞、森林鐵路、巨木最廣為人知，還有阿里山新八景。園區中因為景點多，短時間看大風景都不夠了，較少人注意到園區中其也藏著祕境般的步道。如果是春天前來，當然更不能錯過阿里山的櫻花。

東台灣生態尋寶│太平山森林遊樂區

　　太平山早年是台灣三大林場之一，後推廣生態旅遊，轉型為太平山國家森林遊樂區。主要位在宜蘭縣大同鄉，海拔兩千公尺左右，有許多林木景觀可以看，是具多樣性的生態體驗場所。翠峰湖是台灣最大的高山湖泊，利用「生態工法」建成的翠峰湖環山步道，能保護原始地表植被、並降低對野生動物的人為干擾。途中還設立不少極富教育意義的解說牌，在步道上漫行之際，很容易就能進行自主學習，為生物知識庫充飽電。

　　躍躍欲試了嗎？接下來換你自己試試看生物尋寶囉！

鎖定目標，接著尋寶囉！

尋寶地點：_____　　目標寶物：_____

季節	
我所看見的物種	
物種的分類及特徵描述	
分布地或物種的環境描述	
照片或筆繪	
其他筆記	

想一想　你鎖定的目標寶物都找到了嗎？如果沒有，是不是遇見了意料之外的生物呢？和同行的家人、親友討論看看，牠是什麼生物？由於需要針對鎖定目標有相當程度的認識，這個尋寶記錄較適用於稍微進階的生物小達人。

來比賽吧！賓果遊戲

外出露營時，也可以順便學生物喔！

找家人好友一起來，選定九種生物，在空格中事先填入物種名稱，

只要找到一個物種，就可以把那個物種圈起來，

三個圈圈連成一線後，就可以畫一條線。

比一比，看誰最快連成三條線！

老師示範 以大雪山為例，選定九種大雪山生物，每格中只能填一種生物，不可重複。

神木	華山松	毛地黃
星鴉	雲杉	海螺菊
台灣百合	藍腹鷴	水晶蘭

換你試試看！誰先賓果？

生物尋寶九宮格賓果遊戲

1. 先選定九種生物，將九種生物填入空格中，一格只填一種。
2. 分頭尋找這九種生物，找到後圈起來，看看誰先連起三條線。
3. 開始比賽吧！

想一想 這個生物尋寶九宮格比賽，是否讓你觀察力變得更敏銳？是否讓你在短時間內累積對生物的快速辨識能力？無形中也促進和親友同儕間的交流互動。

認識「碳足跡」！計算你的排碳量

　　什麼是碳足跡？碳足跡是指一個人活動或使用一個產品，產品從原料取得、製造、包裝、運送、廢棄到回收，直接或間接的溫室氣體排放總量。

　　例如，你了吃一個漢堡，夾在漢堡裡的肉是飛機從美國運來的，肉產生過程以及飛機的燃油都會製造出二氧化碳，同理，漢堡中的洋蔥是大卡車從屏東運來的，附送的玩具是中國製造船運來的，你也得把這過程中間接產生的碳全部加起去。

　　據國外研究，一個漢堡的碳足跡平均約為三·一公斤。

　　現在，拿起計算機，算算看你個人一天大約要排放多少二氧化碳吧！

Step 1 假設你平均一天搭捷運五公里，那麼，你在「搭捷運」這一項目的二氧化碳排放量就是 5km×0.07kg ／ km ＝ 0.35kg。

Step 2 每一項填寫完畢後，將所有排碳量加起來，就是你平均每天排碳量。全世界平均值是一天十一公斤，看看你是超過十一公斤，還是未達十一公斤？

Step 3 拿給你的家人、同學一起填填看。比一比，誰排的碳較多？大家一起討論該如何調整生活習慣，才能減少排碳量呢？有沒有其他好點子？

自己排的碳自己算！

活動項目	平均二氧化碳排放量	你的排放量	活動項目	平均排放量	你的排放量
搭捷運	0.07kg／km		開冷氣機	0.621kg／小時	
搭公車	0.08kg／km		用水	0.194kg／一度	
使用免洗筷／雙	18.27kg／次		用電	0.625 kg／一度	
吃漢堡肉	2.925kg／1 人份（225g）		用省電燈泡	0.011kg／小時	
吃豬肉	3.8 kg／kg		聽收音機	0.006kg／小時	
吃蔬菜	0.4 kg／kg		用紙杯	0.003kg／個	
吃雞肉	1.1kg／kg		用塑膠杯	0.0032kg／個	
吃便當	0.44kg／個		喝保特瓶裝水	0.093kg／瓶	
喝鋁箔包果汁	0.24kg／盒		看電視	0.096kg／小時	
聽音響	0.034kg／小時		搭電梯	0.218kg／層樓	
開電扇	0.045kg／小時		丟垃圾	2.06kg／公斤	
用 A4 紙張	0.018kg／張		熱水澡	0.42kg／次	
用衛生紙	0.04kg／張		用筆記型電腦	0.013kg／小時	
喝新鮮柳橙汁	0.36 kg／一瓶 500cc		用桌上型電腦	0.21kg／小時	
喝黑松	0.303kg／一罐（600cc）		讀書（約兩百頁）	34kg／本	

總計我平均一天要排放 _____ 公斤的碳。

為了減少排碳量，我可以做到的事有這些：

_____

最強跨領域生物訓練！
自然寫作觀測與技術指南

　　廣義而言，「自然寫作」指的是所有與自然相關的書寫，不一定具備文學性。可以是描寫天空、風、雲、雨、露等氣候變化，或是描寫植物、動物、昆蟲，以及河流、山峰、湖泊、田野等各種自然景觀。狹義而言則專指具有文學性的自然書寫。不僅描寫自然，也有優美的文學技法與深刻的人文哲思。

自然書寫經典書單

☆ 《與牠為伴──非洲叢林三十年》（珍・古德／著）

☆ 《湖濱散記》（亨利・梭羅／著）

☆ 《沙郡年記》（奧爾多・李奧帕德／著）

☆ 《寂靜的春天》（瑞秋・卡森／著）

自然寫作怎麼進行？五原則和三步驟

自然寫作五原則

1. **以大自然為寫作的主體。**「自然」是描寫的主角，而非背景。
   - ▶ 鎖定主題，培養思考力
2. **文章中必須融入自然知識。**自然科學知識在寫作內容中必須占有相當的比例。
   - ▶ 活用所學，成為生物小達人
3. **真實的自然體驗。**作者要實際造訪所描寫的環境中去觀察。
   - ▶ 訓練主動探索學習的好奇心與行動力
4. **生態價值觀。**不僅僅以人類為中心，在文字中思索更宏觀的環境倫理觀。
   - ▶ 培養生態素養，敏銳感受力與細膩同理心
5. **具有文學性。**
   - ▶ 鍛鍊一生都受用的創造力、表達力、美感品味

自然寫作入門三步驟

Step 1 和親子、同好、親友一起進入自然，生態旅遊啟程！

Step 2 在自然觀察之際不忘勤加記錄，多多利用本行動手冊中的表格，可以完整記下重點。可適量繪製圖片，也別忘了寫下心情感受。

Step 3 平時大量閱讀自然文學作品，召集家人、好友，以讀書會的形式一同分享，樂趣更多。

動筆寫之前，先問問自己……

自我提問範例

　　不知怎麼動筆嗎？

　　下列兩組範例提供你參考，你自然能掌握到觀察和記錄的訣竅，並加入個人想法，發展成長文。

範例 1　出遊小記

☆ 今天星期幾？是什麼季節？天氣狀況如何？

☆ 我是獨自出遊？或是和家人好友一同外出？

☆ 我們前往的地點是哪裡？我們在這個地方發現了哪些生物？發現過程是如何？這些生物的外觀長什麼樣子？

☆ 發現這個生物帶給我什麼感受？其它伙伴反應又是如何？

範例 2　定點觀測，認識你的鄰居

☆ 選定一個地點，例如窗外窗台上、陽台上、家門口、騎樓一角，尋找和你比鄰而居的生物。

☆ 它是什麼生物？這個生物的外觀是什麼模樣？

☆ 每天固定時段來探視這個生物，它每天的樣貌都一樣嗎？一個星期後是否有任何變化？一個月後、幾個月後，又是否有其他變化？

☆ 你的家人、鄰居是否曾注意到它？他們的反應如何呢？

想一想　你是否發現：多問問題、問好問題，就能激盪出各種想法？鼓舞自己用不同角度去看習以為常的世界，也能挖掘其他人的觀點。試試看，這就是自然寫作的第一步！